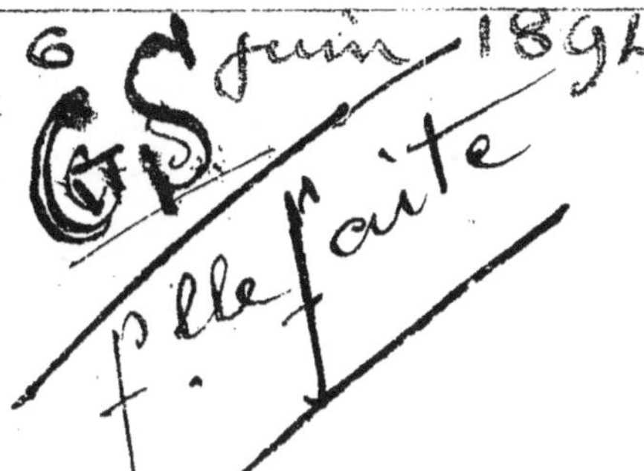

Vente

ROSA VENNEMAN

Mᵉ G. BOULLAND
COMMISSAIRE-PRISEUR
26, rue des Petits-Champs

M. Henri HARO
PEINTRE-EXPERT
14, rue Visconti et rue Bonaparte, 20

1894

CATALOGUE

DE

TABLEAUX

PAR

Rosa Venneman

Dont la Vente aura lieu

HOTEL DROUOT, Salle n° 7

Le Mercredi 6 Juin 1894, à 3 heures

※

EXPOSITION PUBLIQUE

Le Mardi 5 Juin 1894, de 1 heure 1/2 à 5 heures 1/2

※

Mᵉ G. BOULLAND	M. Henri HARO
COMMISSAIRE-PRISEUR	PEINTRE-EXPERT
26, rue des Petits-Champs	14, rue Visconti et rue Bonaparte, 20

1894

Ce Catalogue se distribue à PARIS

CHEZ

Mᵉ G. BOULLAND	**M. Henri HARO**
COMMISSAIRE-PRISEUR	PEINTRE-EXPERT
26, rue des Petits-Champs	14, rue Visconti et rue Bonaparte, 20

✳

CONDITIONS DE LA VENTE :

Elle sera faite au comptant.

Les acquéreurs payeront *cinq pour cent* en plus du prix d'adjudication.

ROSA VENNEMAN

De tous les artistes qui ont souffert, de tous
ceux pour qui le hasard de la vie s'est montré un
maître capricieux et injuste, il n'en est pas, je
crois, qui puisse prétendre à plus d'angoisses, à
plus de tortures morales, à plus d'empêchements
matériels que Rosa Venneman, et c'est avec un
profond sentiment d'admiration et non de pitié
que j'écris ces lignes ; la pitié serait une injure à
son courage, qui ne s'est jamais démenti.

Voilà plus de trente ans qu'elle fait de la pein-
ture : très appréciée dès le début en Belgique,
son pays natal, elle vint en France, son pays
d'adoption. Elle travailla, elle exposa ; puis, un
jour, on lui ferma les portes du Salon, sans
motif, sans raison, et la barrière demeure depuis
lors obstinément baissée devant elle. Elle n'en

continue pas moins à produire ; mais des gens s'attachent à la perdre, à la ruiner ; on l'exploite, on la pille ; on la met aux abois, et comme elle se défend avec une volonté indomptée, un jour, sur je ne sais quel rapport, on l'enferme à Sainte-Anne. Elle n'y resta pas long-temps ; la presse, et particulièrement le Figaro, sous la signature de notre confrère Ch. Chincholle, à ce moment s'inquiéta et réclama à haute voix cette fameuse loi sur les aliénés, cette loi indispensable, depuis si longtemps promise, cette loi dont le projet a été adopté depuis quatre ans par le Conseil supérieur de l'Assistance publique, cette loi d'humanité dont les députés et les sénateurs ont l'air de se soucier comme d'une guigne. On rendit cependant Rosa Venneman à la liberté.

L'infortunée, guidée par quelques amis, sauva, du naufrage de son maigre avoir, des épaves de son atelier, études et tableaux, car vous entendez bien que son internement avait été mis à profit par ceux qui l'avaient provoqué. Une autre en sortant de l'asile aurait pu se laisser aller à des défaillances morales, voire à des ébranlements de raison. Rosa Venneman effaça l'énorme tristesse dont elle se sentait obsédée par son activité au travail. D'autres épreuves lui étaient réservées :

l'art, une fois encore, la soutint : l'art l'avait reconquise; elle était sauvée.

Sauvée? oui au point de vue de sa dignité de femme et d'artiste; sauvée au point de vue de l'abîme où sa raison aurait pu sombrer; mais les nécessités de la vie la guettaient au sortir de cette gigantesque bataille : la misère pouvait l'étreindre en ses griffes implacables à l'heure — et à l'âge — où elle avait tant besoin de repos! C'est alors qu'on songea à organiser la vente de ses œuvres, vente à laquelle MM. Haro père et fils et M. Boulland veulent bien prêter leur généreux concours.

Peut-on, en effet, laisser parler de misère, quand on a devant soi une pareille somme de talent? Peut-on parler de misère, pour cette très grande artiste qui n'a jamais désespéré de ses pinceaux, parce que jamais elle n'a cessé d'étudier et de travailler?

Cela est impossible! Cela serait incroyable à notre époque où tant de médiocres trouvent le moyen de s'imposer.

Rosa Venneman, il est temps qu'on le reconnaisse, est un peintre de valeur qui s'est créé une place estimée parmi les animaliers. On ne demande pas pour elle la charité; on ne tend pas la main pour elle; nous disons seulement au public : « Voici son œuvre : jugez! »

Et, de fait, il y a dans les quarante toiles ici cataloguées, il y a des morceaux de premier ordre. Ses vaches et ses veaux sont peints d'une pâte superbe et d'une vie profondément observée. Dans ses paysages, elle a trouvé des notes discrètes, d'une extraordinaire intensité de pensée et de rendu; dans ses marines, elle nous livre des sensations dont le charme délicat nous attire et nous séduit. Et tout cela vit, se meut, s'agite, s'endort, se repose, se recueille, sous des ciels d'une étonnante variété. Il semble que cette pauvre âme si rudement ballottée, à force de chercher là-haut une espérance que le terre à terre lui dérobait toujours, ait déchiffré dans la féerie toujours renouvelée des nuages l'admirable poème de l'infini. Elle y a vu les heures d'orage et les heures d'accalmie; elle a souri aux aurores rosées; elle a pleuré aux crépuscules assombris; elle s'est réchauffée à l'irradiement du soleil de midi; elle a eu des colères à l'embrasement des soleils couchants, et tout ce qu'elle a vu, tout ce qu'elle a senti, elle l'a raconté en ses toiles, elle en a demandé l'expression à sa palette, à ce confident des heures de deuil et de souffrance, à sa palette qui, en échange de ses larmes, lui a rendu souvent de belles fleurs, toutes parées d'éclatantes vêtures et toutes grisées de parfums.

Certes, ceux qui viendront à cette vente ne peuvent pas prétendre y trouver des satisfactions d'amour-propre. On ne citera pas leur nom, le lendemain, à côté d'un gros prix, que des gens estiment à l'égal d'un éloge. Mais, en achetant ces toiles d'un art si sincère, d'une vision si juste, d'une pâte si riche, si abondante, d'une sensation si primesautière, ils auront fait mieux qu'une bonne action, ils auront fait une bonne... affaire.

Il faut que Rosa Venneman retrouve enfin toute la tranquillité dont elle a besoin ; il faut que la société lui rende en bien tout le mal qu'elle lui a fait, et pour cela qu'est-ce qu'on demande ? On demande un regard de justice du côté de son œuvre, on demande aux gens qui ont le culte de l'art de ne pas oublier dans sa détresse une véritable artiste. C'est un regard d'équité, et ce regard, je gage qu'il ne tardera pas à se changer en regard d'admiration.

L. ROGER-MILÈS.

20 mai 1894.

TABLEAUX

---

1 — Le Pâturage ; vue prise à Blankenberghe.

Signé à droite.

T. — H., 2^m,00. L., 3^m,00.

2 — Un Grain ; vue prise à Noyelles.

Signé à droite et daté.

T. — H., 2^m,00. L., 3^m,00.

3 — Vaches au repos.

T. — H., 1^m,45. L., 1^m,12.

4 — A Landemer, près Cherbourg.

Signé à droite.

T. — H., 1ᵐ,32. L., 1ᵐ,95.

5 — Une Cour de ferme à Enghien.

T. — H., 1ᵐ,32. L., 0ᵐ,97.

6 — La Prairie au Crotoy.

Signé à droite.

T. — H., 0ᵐ,98. L., 1ᵐ,46.

7 — La Ferme de la mère Louis au Crotoy.

Signé à droite.

T. — H., 0ᵐ,98. L., 1ᵐ,46.

8 — L'approche de l'Orage ; vue prise à Grand-Camp.

T. — H., 0ᵐ,90. L., 1ᵐ,47.

9 — Au pied de la colline.

T. — H., 0m,81. L., 1m,18.

10 — La Récolte du varech.

T. — H., 0m,73. L., 1m,15.

11 — Les Sables au Crotoy.

Signé à gauche.

T. — H., 0m,60. L., 0m,80.

12 — Étude d'après nature. Environs de Landemer.

Signé à droite.

T. — H., 0m,54. L., 0m,75.

13 — Environs de Landemer.

Signé à gauche.

T. — H., 0m,54. L., 0m,73.

14 — Le Soir, à Landemer.

Signé à gauche.

T. — H., 0^m,46. L., 0^m,61.

15 — Le Passage du gué.

Signé à droite et daté.

T. — H., 0^m,46. L., 0^m,60.

16 — Barques de pêche à Grand-Camp.

Signé à gauche.

T. — H., 0^m,46. L., 0^m,55.

17 — Les Marais de Mers.

B. — H., 0^m,45. L., 0^m,55.

18 — Paysage; étude.

Signé à droite.

B. — H., 0^m,44. L., 0^m,27.

19 — Le Repos.

Signé à droite.

B. — H., 0^m,40. L., 0^m,33.

20 — L'Abreuvoir.

B. — H., 0^m,36. L., 0^m,45.

21 — Vache au repos.

B. — H., 0^m,36. L., 0^m,32.

22 — Les Deux Amies.

B. — H., 0^m,36. L., 0^m,27.

23 — Pensées dans un vase.

Signé à gauche.

B. — H., 0^m,35. L., 0^m,27.

24 — Avant l'Orage.

Signé à droite.

B. — H., $0^m,33$. L., $0^m,24$.

25 — En mer : les deux Barques.

B. — H., $0^m,32$. L., $0^m,46$.

26 — Fleurs dans un vase.

Signé en haut à droite.

B. — H., $0^m,27$. L., $0^m,21$.

27 — A l'ombre du bois.

Signé à droite.

B. — H., $0^m,27$. L., $0^m,35$.

28 — L'Étable.

Signé à gauche.

B. — H., $0^m,24$. L., $0^m,33$.

29 — Dans la prairie.

B. — H., $0^m,24$. L., $0^m,23$.

30 — Vaches à l'abreuvoir.

B. — H., $0^m,24$. L., $0^m,33$.

31 — Pensées.

Signé à gauche.

B. — H., $0^m,22$. L., $0^m,16$.

32 — Au bord de la mer.

Signé à gauche.

B. — H., $0^m,19$. L., $0^m,24$.

33 — Sous les pommiers.

Signé à gauche.

B. — H., $0^m,18$. L., $0^m,24$.

34 — Le Saule.

B. — H., 0^m,16. L., 0^m,22.

35 — Sous ce numéro seront ven-
dus les tableaux non cata-
logués.

16519. — Librairies-Imprimeries réunies, rue Mignon, 2, Paris.

54 59 – 68 – 39 – 65 406.
38 – 38   42   62   51
70

2 Atelier Rosa Venneman

Tableaux – Etudes – Dessins

par Me Boulland

26 juin